AF602390

OBJETS D'ART

DE LA CHINE ET DU JAPON

PARIS — 1913

CONDITIONS DE VENTE

Elle sera faite au comptant.

Les acquéreurs payeront 10 p. 100 en sus des enchères.

L'Expert, dans l'intérêt de la vente, se réserve la faculté de réunir ou de diviser les lots.

L'expert assistera à l'Exposition publique et se tiendra à la disposition de MM. les amateurs qui auraient un renseignement à lui demander ou des ordres d'achat à lui confier.

N. B. — Les objets seront vendus dans l'ordre du catalogue la première vacation s'arrêtant au numéro 210.

OBJETS D'ART

DE LA CHINE ET DU JAPON

POTERIES CHINOISES

JADES ET PIERRES DIVERSES

Lardites

VERRES ET IVOIRES CHINOIS — BRONZES

Pendentifs en pierres dures

POTERIES JAPONAISES

BOIS SCULPTÉS — MALLES EN CUIR

etc.

Dont la Vente aura lieu à l'Hôtel DROUOT, salle n° 10.

Les Mercredi 5 et Jeudi 6 Novembre 1913, à 2 heures.

COMMISSAIRE-PRISEUR	EXPERT
Me ÉDOUARD FOURNIER	M. ANDRÉ PORTIER
29, rue de Maubeuge	Expert près le Tribunal Civil.
	24, rue Chauchat

Chez lesquels se distribue le présent Catalogue.

EXPOSITION PUBLIQUE : le Mardi 4 Novembre 1913

A l'Hôtel DROUOT, salle n° 10.

De 2 heures à 6 heures.

PREMIÈRE VACATION

POTERIES JAPONAISES

BOLS A THÉ « CHAWAN »

1. — Trois bols à thé : Kiyomizu, Akaraku, Karatsu.
2. — — — Hagi, Hakeme, Shidoro.
3. — — — Kiyomizu, Ohi, Oribe.
4. — — — Hagi, Kosatsuma, Kikko.
5. — — — Hagi, Akaraku, Kohiki.
6. — — — Raku, Banko, Seto.
7. — — — Shuntai, Kiseto, Akaraku.
8. — — — Kohagi, Idowaki, Satsuma.
9. — — — Shino, Idowaki, Akahada.
10. — — — Kuroraku, Banko, Kosatsuma.
11. — — — Akashino, Genpin, Yegaratsu.
12. — — — Kenzan, Karatsu, Yegaratsu.
13. — — — Korai, Shino, Kuroraku.
14. — — — Hagi, Hansu, Gohon.
15. — — — Hakeme, Hansu, Kuroraku.

CLOISONNÉS

16. — Deux petites coupes en émail cloisonné, à décor fleuri.

17. — Deux petits vases en forme de gourdes, à décor fleuri sur fond jaune.

18. — Deux oiseaux, formant paire.

19. — Petit pot à laver les pinceaux en émaux cloisonnés décorés sur fond turquoise de chrysanthèmes stylisés.

Diam. 10 cm.

20. — Petit vase à large col, à décor de palmes et de rinceaux fleuris.

21. — Petit vase à panse surélevée décoré d'oiseaux sur fond noir.

22. — Vase à long col, à décor fleuri.

23. — Bouteille à col bulbeux à décor de lotus.

24. — Vase à décor de liserons sur fond bleu.

25. — Petit pot à laver les pinceaux en forme de soulier.

26. — Petite boite lenticulaire à décor de chrysanthèmes.

27. — Théière à décor fleuri sur fond jaune.

POTERIES CHINOISES

28. — Petit pot, de forme conique, à émail vert, décoré de rinceaux fleuris stylisés.

Epoque Ming. Haut. 8 cm.

29. — Petit pot à émail bleu turquoise, en forme d'un chrysanthème.

Epoque Ming. Haut. 9 cm.

30. — Pot, de panse octogonale, en émail vert.

Epoque Ming. Haut. 12 cm.

31. — Pot de forme arrondie, à couverte verte.

Epoque Ming. Haut. 14 cm.

32. — Pot de forme similaire, décoré au col de rinceaux fleuris.

Epoque Ming. Haut. 16 cm.

33. — Petit pot arrondi, à couverte « poudre de thé ».

Epoque Ming. Haut. 11 cm.

34. — Petit pot, de forme arrondie, à panse côtelée, émail céladon craquelé.

Epoque Ming. Diam. 17 cm.

35. — Pot s'amincissant vers la base, de couverte monochrome céladon.

36. — Vase de forme quadrilatérale, décoré sur les quatre faces de grecques stylisées. Couverte vert olive.

Epoque Ming. Haut. 20 cm.

37. — Pot de forme arrondie, à couverte monochrome céladon.

Epoque Ming. Haut. 19 cm.

38. — Bouteille en forme de gourde à double panse, à émail vert.

Epoque Ming. Haut. 19 cm.

39. — Pot vert, décoré de quatre médaillons fleuris.

Epoque Ming. Haut. 22 cm.

40. — Bouteille, à large panse et à petit goulot, à couverte verte unie.

Epoque Ming. Haut. 24 cm.

41. — Vasque de forme circulaire et aplatie en faïence jaune à petites craquelures.

Epoque Ming. Diam. 25 cm.

42. — Pot, à large panse à couverte bleu turquoise.

Epoque Ming. Haut. 16 cm.

POTERIES CHINOISES

« YEGORAI »

(Décor noir sur fond blanc.)

43. — Tortue, XIXe siècle.

Diam. 20 cm.

44. — Chat, sur une base rectangulaire.

Même époque. Diam. 15 cm.

45. — Chat, sur socle fixe.

Même époque. Diam. 21 cm.

46. — Oreiller, représentant un chat accroupi.

Même époque. Diam. 35 cm

47. — Oreiller, représentant un enfant accroupi.

Même époque. Diam. 35 cm.

48. — Oreiller, représentant une femme étendue et assoupie.

Même époque. Diam. 40 cm.

49. — Enfant chinois assis.

Même époque. Haut. 23 cm.

50-51. — Deux éléphants caparaçonnés.

Même époque. Diam. 18 cm.

52. — Bouteille, la panse lobée surmontée d'un col à orifice bulbeux, gravée de motifs fleuris.

Même époque. Haut. 28 cm.

53. — Bouteille, à long col, à décor de dragons et de feuillages. Quatre chimères formant anse sur l'épaulement.

Même époque. Haut. 30 cm.

54. — Grand vase rouleau de forme allongée à décor de pivoines.

Même époque. Haut. 35 cm.

55. — Vase en forme de gourde, flanqué de deux anses dragons.

Haut. 30 cm.

Autres poteries.

56. — Petit vase, de panse surélevée en poterie à couverte crème craquelée.

Epoque Ming. Haut. 15 cm.

57. — Bouteille à couverte crème marbrée brun.

Epoque Yuan. Haut. 16 cm.

58. — Vase de forme allongée, à couverte crème à petites craquelures.

Haut. 18 cm.

59. — Bouteille à panse surbaissée, le col portant deux petites anses. Couverte crème à très fines craquelures.

Haut. 14 cm.

60. — Vase de forme tubulaire, à couverte crème et taches brunes.

Haut. 18 mm.

61. — Vase de forme similaire au précédent, flanqué à l'épaulement de deux mascarons chimériques. Couverte crème craquelée.

Haut. 19 cm.

62. — Petit vase cornet, à panse légèrement saillante. Couverte crème craquelée.

Haut. 10 cm.

63. — Vase de forme allongée, à long col étroit. Couverte crème craquelée.

Haut. 20 cm.

64. — Vase de forme tubulaire, s'évasant légèrement. Couverte brune craquelée.

Haut. 19 cm.

65. — Autre vase de forme et de couverte similaires, plus petit.

Haut. 13 cm.

66. — Petite bouteille piriforme. Couverte brune craquelée.

Haut. 18 cm.

67. — Grand vase, de panse piriforme, à couverte crème craquelée.

Epoque Yuan. Haut. 28 cm.

68. — Grand vase, de panse ovoïde, à couverte crème craquelée, décoré au col, en léger creux, d'une zone de nuages stylisés.

Epoque Yuan. Haut. 40 cm.

69. — Très joli vase, de forme ovoïde, le col s'évasant légèrement. Couverte crème craquelée.

Epoque Yuan. Haut. 38 cm.

70. — Vase de forme tubulaire, l'épaulement supportant deux mascarons chimériques avec anneaux fixes. Couverte crème craquelée.

Haut. 32 cm.

71. — Vase de forme tubulaire, à couverte crème craquelée.

Epoque Yuan. Haut. 32 cm.

72. — Vase de forme ovoïde, à couverte crème craquelée.

Epoque Yuan. Haut. 32 cm.

73. — Vase en forme de cornet en poterie à couverte crème craquelée.

Epoque Yuan. Haut. 37 cm.

BRONZES

74. — Vase à col étroit, autour duquel s'enroule un dragon.
Haut. 22 cm.

75. — Petit vase, de forme quadrilatérale, supportant deux anses boucles.
Haut. 19 cm.

76. — Vase cornet, décoré au col d'une zone de grecques.
Haut. 20 cm.

77. — Vase cornet, autour duquel court une salamandre.
Haut. 19 cm.

78. — Vase de forme quadrilatérale, à décor de palmes.
Haut. 28 cm.

79. — Vase cylindrique, décoré d'un guerrier à cheval.
Haut. 19 cm.

80. — Vase cornet, flanqué d'une anse salamandre.
Haut. 21 cm.

81. — Vase de forme aplatie, à décor de losanges fantaisie.
Haut. 26 cm.

82. — Très joli vase, de forme ovalisée, à décor d'ogres tao-tieh.
Epoque Sung. Haut. 18 cm.

83. — Animal chimérique accroupi, formant porte-miroir.
Diam. 18 cm.

84. — Brûle-parfums en forme d'une oie marchant.
Haut. 20 cm.

85. — Brûle-parfums trépied, dit *Sekiso*, incrusté d'argent.
Haut. 15 cm.

86. — Coupe hexagonale, ciselée de dragons, supportée par quatre pieds.
Diam. 15 cm.

87. — Kwannin et Enfant. Bronze à patine rouge.
Haut. 16 cm.

88. — Figure de Kwannin, assise.

Haut. 16 cm.

89. — Figure de Kwannin, assise, en bronze Sentoku.

Haut. 17 cm.

90. — Jolie statuette de Kwannon debout, en bronze doré.

Haut. 28 cm.

POTERIES CRAQUELÉES.

91. — Brûle-parfums en forme d'un large bol à couverte crème craquelée.

Epoque Ming. Diam. 19 cm.

92. — Brûle-parfums de forme cylindrique en poterie à couverte crème craquelée, décoré en léger relief de zones concentriques superposées.

Epoque Ming. Diam. 15 cm.

93. — Brûle-parfums de forme et de couverte similaires au précédent.

Epoque Ming. Diam. 14 cm.

94. — Autre brûle-parfums, de forme, de couverte et de décor similaires au n° 92.

Epoque Ming. Diam. 16 cm.

95. — Petit brûle-parfums tripode, en poterie à couverte crème craquelée.

Epoque Ming. Diam. 17 cm.

96. — Petit brûle-parfums à couverte chamois craquelée.

Diam. 11 cm.

97. — Petit pot de forme arrondie, à couverte crème craquelée.

Epoque Ming. Haut. 10 cm.

98. — Petit brûle-parfums de forme tubulaire à couverte crème craquelée.

Epoque Ming. Diam. 10 cm.

99. — Grand brûle-parfums de forme tubulaire, décoré au centre d'une zone en léger relief. Couverte crème craquelée.

Epoque Ming. Diam. 20 cm.

IVOIRES

100. — Groupe en ivoire : deux enfants au pied d'une cascade.

XVIIe siècle. Haut. 9 cm.

101. — Personnage à longue barbe, assis.

Epoque Ming. Haut. 10 cm.

102. — Sennin et crapaud.

Epoque Ming. Haut. 11 cm.

103. — Personnage devant un chasse-mouches. Ivoire laqué et doré.

Signé : Hossu. Haut. 9 cm.

104. — Peigne en ivoire, décoré au laque d'or de branches de vigne.

Jolie pièce du XVIIIe siècle. Diam. 17 cm.

105. — Petite statuette de Kwannin, en ivoire, assise sur un rocher un rosaire à la main.

Epoque Ming. Haut. 12 cm.

106. — Sennin, debout, un écran à la main.

Epoque Ming. Haut. 20 cm.

107. — Figure de Kwannin, debout, un rosaire à la main.

Epoque Ming. Haut. 20 cm.

108. — Figure en ivoire, représentant le dieu de la Longévité debout, un écran et un bâton à la main.

Epoque Ming. Haut. 30 cm.

109. — Jolie statuette en ivoire représentant une jeune femme debout.

Epoque Ming. Haut. 26 cm.

110. — Jurojin debout, tenant une sorte de crapaud.

Haut. 25 cm.

111. — Pèlerin dansant.

Epoque Ming. Haut. 15 cm.

N° 104

N° 294

N° 108

N° 290

N° 289

N° 105

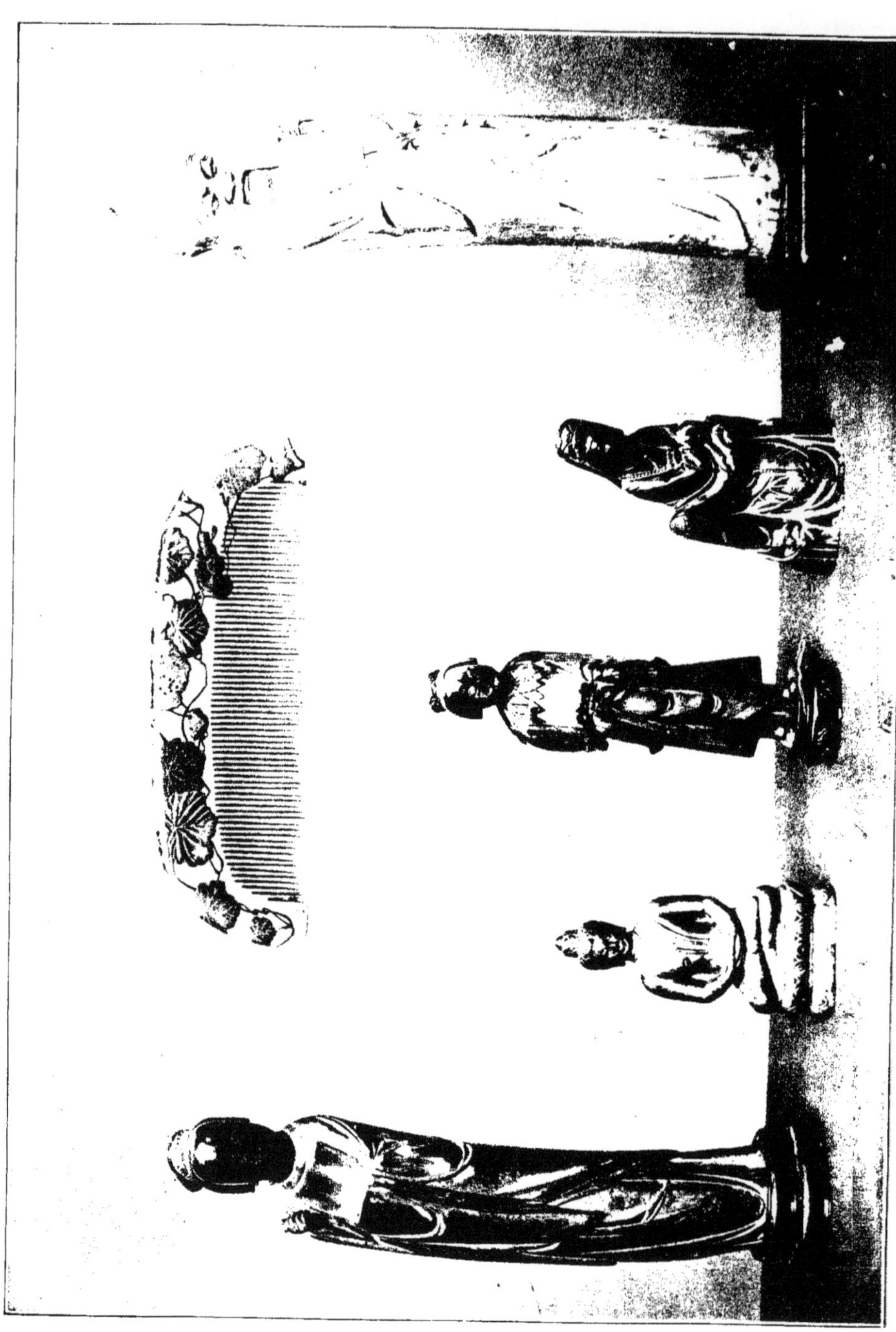

112. — Boîte tubulaire, gravée de fleurettes et de poésies.
Haut. 10 cm.

113. — Porte-pinceaux gravé de scènes à personnages dans un jardin.
Epoque Ming. Haut. 9 cm.

114. — Porte-pinceaux cylindrique en ivoire teinté noir, décoré en réserve de branches de pruniers.
Epoque Ming. Haut. 10 cm.

115. — Porte-pinceaux sculpté de deux panneaux de fleurs et d'oiseaux.
Epoque Ming. Haut. 12 cm.

116, 117. — Deux écrans sculptés de personnages sous les arbres.
Epoque Ming. Haut. 29 cm.

PENDENTIFS

118. — Deux pendentifs en verre : l'un jaune ambré, à décor fleuri : l'autre bleu foncé taillé d'un animal et d'un fruit.

119. — Deux pendentifs en verre : l'un brun, sculpté de deux animaux affrontés, l'autre, imitant le quartz vert, à décor de fruit.

120. — Deux pendentifs en verre : l'un vert bouteille, à décor de fruit, l'autre, ambré, à décor d'animaux.

121. — Deux pendentifs en verre : l'un jaune or, offrant un motif stylisé ; l'autre, imitant l'agate à veines noires, représentant un fruit sur lequel sont posées deux chauves-souris.

122. — Deux pendentifs : l'un en agate bleu clair, uni ; l'autre en verre bleu très clair, montrant un écureuil sur un fruit.

123. — Deux pendentifs : l'un en améthyste, sculpté de motifs fleuris, l'autre en agate rouge simulant un haricot.

124. — Deux pendentifs : en jade blanc taillé en forme d'une salamandre stylisée, en médaillon ; en agate rouge, représentant une chauve-souris sur un fruit.

125. — Deux pendentifs en pierres dures : l'un en jade, à jolie veine brune, ajouré de branches fleuries et d'écureuils ; l'autre en agate bleue, sculpté d'une fleur enfeuillagée.

126. — Deux pendentifs : l'un en calcédoine veinée en forme d'un petit pavé rectangulaire ; l'autre, en améthyste, simulant un fruit.

127. — Deux pendentifs en agate : l'un blanc, décoré de deux sapèques jointes par une ligature ; l'autre rouge, formant un fruit sur lequel court une liane.

128. — Pendentif en jade vert impérial, proprement dit jadéite, sculpté en forme d'un fruit sur lequel rampe un écureuil.

129. — Pendentif en jade vert impérial, sculpté et ajouré de branches chargées de fruits.

130. — Pendentif en jade vert impérial, ajouré et sculpté, représentant des champignons de longévité (ling'chy) et des chauves-souris.

131. — Pendentif en forme d'une plaquette rectangulaire, en jade vert impérial très joliment sculpté de branches fleuries aux tiges détachées.

132. — Pendentif en jade vert impérial, de forme et de décor similaires au précédent.

133. — Pendentif en tourmaline (quartz rose) taillé en forme d'une pêche enfeuillagée.

134. — Pendentif en tourmaline, sculpté d'un fruit enfeuillagé et d'une chauve-souris.

135. — Pendentif en tourmaline, de teinte rose vif, représentant un fruit enfeuillagé.

136. — Pendentif en tourmaline unie, de forme ovale.

137. — Pendentif en tourmaline, représentant une gourde enfeuillagée.

PIERRES DURES ET PIERRES DE LARD

138. — Jolie coupe en pierre de lard teinté vert, imitant le jade, sculptée en forme d'une feuille de lotus.

Diam. 16 cm.

139. — Vide-poche, en pierre jaune, imitant l'agate, représentant une large feuille sur laquelle courent des branches de prunier fleuri et de pivoines. Socle en bois sculpté.

Diam. 30 cm.

140. — Bloc en lardite jaune, sculpté et ajouré, représentant deux sages, dans la montagne, jouant à une sorte de gô.

Haut. 19 cm.

141. — Groupe en lardite jaune imitant le marbre, représentant la Kwannin et l'Enfant. Socle en bois sculpté.

Haut. 15 cm.

142. — Enfant chinois, les mains jointes, en prière. Lardite verte imitant la néphrite. Socle en bois sculpté.

Haut. 16 cm.

143. — Joli groupe en lardite marbrée, montrant la Kwannin debout sur un rocher.

Haut. 23 cm.

144. — Ecran sur socle, en lardite rouge, sculptée d'un personnage dans une maisonnette sous un pin.

Haut. 30 cm.

145. — Ecran en lardite blanche, incrustée de pierres diverses, offrant des insectes variés au milieu des fleurs. Socle en bois sculpté.

Haut. 18 cm.

146. — Deux écrans formés d'une plaquette rectangulaire en jade blanc, gravé et sculpté de Fonghoang et de bambous. Socles en bois sculpté.

Haut. 15 cm.

147. — Deux écrans formés d'une plaquette rectangulaire en jade gris blanc incrusté de pierres diverses, à décor d'oiseaux, de fleurs et d'insectes.

Au dos une petite glace. Socles en bois sculpté.

Haut. 20 cm.

148. — Petit vase avec chaîne de suspension en lardite verte, transparente, décoré sur la panse de faces d'ogres tao-tieh et de palmes. Socle et encadrement en bois sculpté.

Haut. 29 cm.

149. — Petit brûle-parfums en lardite blanche, imitant le jade, supporté par trois pieds ornés de têtes chimériques. L'épaulement supporte deux anses en tête d'ogres avec anneaux mobiles. Couvercle sculpté, surmonté d'un large bouton et orné de trois boucles avec anneaux mobiles.

Diam. 15 cm.

150. — Cheval couché en agate bleue à taches en camaïeu clair.

Diam. 9 cm.

151. — Petite figure en lapis-lazuli à traces de dorure, représentant Hotri, accroupi, demi-nu.

Haut. 11 cm.

152. — Petite boîte, de forme arrondie, en verre émeraude, le couvercle sculpté d'un médaillon du bonheur entouré de chauves-souris.

Haut. 6 cm.

153. — Petit vase de forme aplatie, en verre émeraude, décoré sur les deux larges faces, de figures d'ogres tao-tieh stylisées, et au col de longues palmettes. L'épaulement supporte deux anses à têtes d'éléphants, avec anneaux mobiles. Socle en bois sculpté.

Haut. 13 cm.

154. — Petite coupe à laver les pinceaux, en malachite, sculpté en forme d'une feuille de lotus. Socle en bois sculpté.

Diam. 11 cm.

155. — Jolie coupe à laver les pinceaux, de forme ovale, en jade tendre de Han, sculptée de branches fleuries.

Diam. 12 cm.

156. — Groupe en jade du style des Han. Cheval et singe.

Diam. 15 cm.

157. — Chimère en jade brûlé.

Haut. 18 cm.

158. — Chimère accroupie.

159. — Brûle-parfums en jade calciné.

Diam. 20 cm.

160. — Vase en jade de Han, sculpté d'une carpe dressée sur une vague.

Haut. 22 cm.

ÉMAUX CLOISONNÉS CHINOIS

161. — Petit porte-pinceaux en émaux cloisonnés polychromes sur fond turquoise.

Époque Ming. Haut. 10 cm.

N° 299

N° 164

N° 172

N° 171

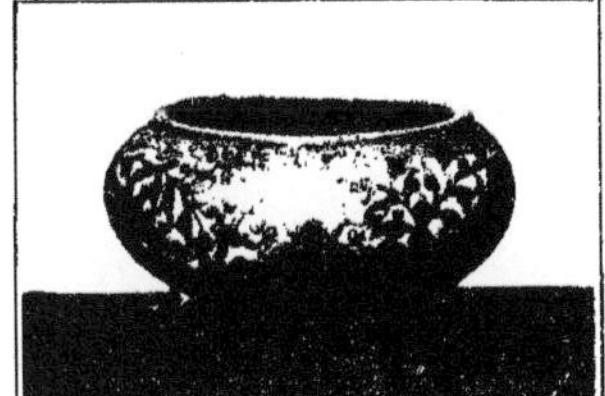

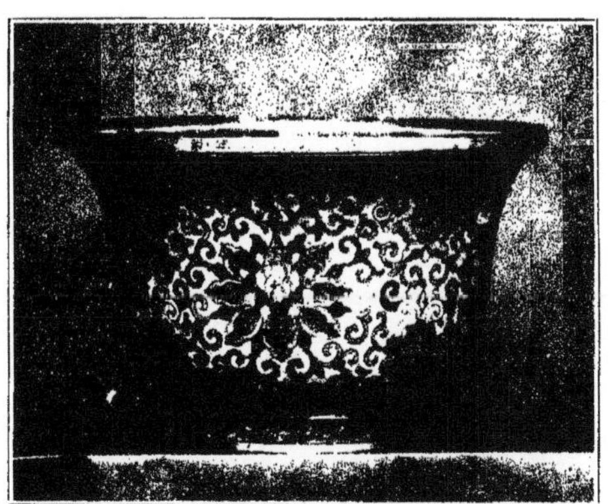

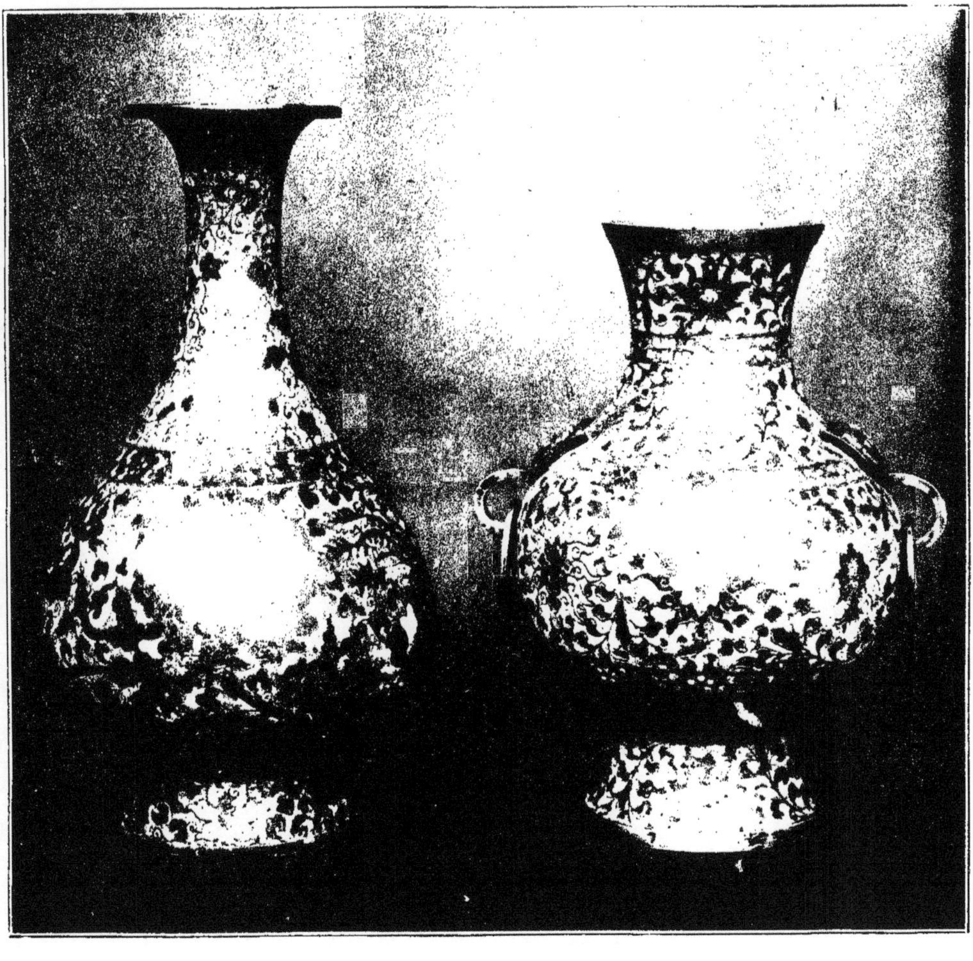

162. — Chandelier en ancien émail cloisonné de la Chine, à décor fleuri sur fond turquoise.

Époque Ming. Haut. 19 cm.

163. — Petit brûle-parfums tripode, en ancien émail cloisonné de la Chine.

Diam. 10 cm.

164. — Vase cornet, orné d'arêtes longitudinales, décoré en polychromie sur fond vert, de motifs fleuris et de palmes.

Haut. 22 cm.

165. — Vase à décor fleuri.

166. — Jardinière plate, supportée par quatre petits pieds, décor fleuri.

Diam. 22 cm.

167. — Vase cornet, la panse légèrement saillante, supportant quatre arêtes dentelées. Décor fleuri sur fond turquoise.

Époque Kienlong. Haut. 22 cm.

168. — Brûle-parfums décoré sur fond noir de rinceaux fleuris stylisés.

169. — Vase cornet, à décor de dragons et de fleurs sur fond d'émail turquoise.

XVIIIe siècle. Haut. 27 cm.

170. — Joli vase en forme de gourde à double panse, à décor de chrysanthèmes stylisés sur fond turquoise.

Cachet : (Ming) Chingtai. XVe siècle. Haut. 32 cm.

171. — Vase de forme élancée en émail cloisonné de la Chine décoré sur fond turquoise de fleurs stylisées.

Cachet : Ming Chingtai. Haut. 30 cm.

172. — Bouteille à panse arrondie, l'épaulement supportant deux anneaux mobiles, à décor de fleurs stylisées sur fond turquoise.

Cachet : Ming Chingtai. Haut. 32 cm.

PORCELAINE CHINOISE

173. — Petit brûle-parfums tripode en porcelaine bleu foncé. Socle et couvercle en bois sculpté.

Époque Yungching. Diam. 13 cm.

174. — Pot bleu, de forme arrondie, décoré en réserve, de poissons et d'algues.

xviiie siècle. Haut. 15 cm.

175. — Bouteille à long col tubulaire en porcelaine à couverte bleu turquoise.

Époque Yungching. Haut. 30 cm.

176. — Grande vasque en porcelaine bleu foncé.

Diam. 35 cm.

177. — Bouteille à col élancé et bulbeux, à glaçure noire.

Époque Yungching. Haut. 31 cm.

178. — Petit vase à couverte bleu turquoise.

Haut. 20 cm.

179. — Grand vase largement lobé, à glaçure peau de pêche.

Haut. 41 cm.

180. — Vase à panse surélevée à couverte sang de bœuf.

Haut. 39 cm.

181. — Bouteille de panse arrondie, à couverte bleu turquoise.

Haut. 30 cm.

182. — Grand vase cornet, en porcelaine « blanc de Chine », offrant sur la panse légèrement saillante, des faces de tao-tieh et des arêtes, sur fond de grecques.

Haut. 38 cm.

183. — Brûle-parfums tripode en porcelaine blanc de Chine, décoré en relief de dragons dont les corps, détachés, forment anses.

Diam. 22 cm.

184. — Gourde aplatie en porcelaine bleutée, clair de lune.

Diam. 22 cm.

185. — Vase de forme quadrilatérale en poterie noire, sans glaçure, à décor de médaillons, de grecques et de faces de tao-tieh.

Haut. 30 cm.

186. — Pot de forme arrondie, à couverte bleu foncé.

Haut. 10 cm.

187. — Pot de forme arrondie, à glaçure verte à petites craquelures.

Époque Ming. Haut. 14 cm.

188. — Pot de forme arrondie à couverte monochrome vert foncé.
Époque Ming. Haut. 14 cm.

189. — Pot de forme arrondie et lobée à couverte verte.
Époque Ming. Haut. 15 cm.

190. — Pot à couverte verte et reflets métalliques, à décor d'armoiries.
Époque Ming. Haut. 16 cm.

191. — Pot évasé à couverte turquoise foncé.
Époque Ming. Haut. 20 cm.

192. — Pot de forme évasée, à couverte verte moucheté noir.
Époque Ming. Haut. 20 cm.

193. — Autre pot de forme similaire, gravé sous couverte de chrysanthèmes.
Époque Ming. Haut. 22 cm.

194. — Vase de forme ovoïde en poterie à couverte crème craquelé.
Epoque Ming. Haut. 22 cm.

195. — Pot de forme arrondie à couverte crème craquelée.
Époque Ming. Haut. 23 cm.

196. — Pot de forme et de couverte similaires.
Même époque. Haut. 20 cm.

197/202. — Six autres pots, de forme et de couverte similaires.
Même époque. Haut. env. 25 cm.

202 *bis*. — Vase de forme arrondie, à couverte crème.
Epoque Ming.

202 *ter*. — Pot de forme circulaire, à couverte crème.
Epoque Ming. Haut. 22 cm.

VERRES CHINOIS

Du XIXe siècle.

203. — Vase en verre bleu.
Style Kienlong.

204. — Vase en verre jaune sculpté en relief rouge d'un décor de pins, de bambous et de pruniers.

Style Kienlong.

205. — Vase de forme allongée en verre uni blanc opaque.

Cachet Kienlong. Haut. 19 cm.

206. — Bouteille à long col tubulaire, en verre bleu turquoise.

Cachet Kienlong. Haut. 20 cm.

207. — Vase de forme quadrilatérale, formé de quatre panneaux blancs encadrés d'arêtes de verre noir.

Cachet Kienlong. Haut. 25 cm.

208. — Bouteille en verre brun agatisé, sculpté de fleurs de lotus.

Cachet Kienlong. Haut. 24 cm.

209. — Grande bouteille en forme de gourde à double panse, en verre bleu transparent.

Haut. 34 cm.

210. — Petit brûle-parfums tripode en verre transparent rubis.

Diam. 16 cm.

PIERRES DE LARD

211. — Petite coupe à laver les pinceaux, formée d'une feuille de lotus sculptée dans une matière verte imitant la jade.

Diam. 7 cm.

212. — Autre coupe, en lardite vert foncé, formée d'une branche de grenadier.

Diam. 10 cm.

213. — Petit bloc sculpté et ajouré, représentant un personnage sous les arbres.

Haut 8 cm.

214. — Coupe à laver les pinceaux, en lardite vert foncé, représentant un melon enfeuillagé.

Diam. 11 cm.

215. — Coupe en lardite jaune, sculptée de branches de chrysanthèmes.

Haut. 9 cm.

216. — Porte-pinceaux en lardite brune, sculpté et ajouré d'écureuils dans la vigne.

Haut. 12 cm.

217. — Autre porte-pinceaux, de décor similaire.

Haut. 12 cm.

218. — Très jolie coupe simulant une feuille de lotus, en lardite jaune veinée noire.

Diam. 16 cm.

219. — Coupe à laver les pinceaux, en lardite noire, finement sculptée de dragons se pourchassant dans les flots.

Diam. 11 cm.

220. — Deux jolis blocs formant cachet, en lardite rougeâtre.

Haut. 10 cm.

221. — Deux autres blocs, formant cachet, même matière.

Haut. 9 cm.

222. — Jolie coupe en lardite verte, sculptée en forme de feuille de lotus.

Diam. 22 cm.

223. — Petite coupe à laver les pinceaux, en lardite verte, sculptée de fleurs de prunier.

Diam. 10 cm.

224. — Autre coupe à laver les pinceaux, sculptée de trois crabes et d'algues.

Diam. 11 cm.

225. — Autre coupe, décorée sur le pourtour de deux salamandres et d'un caractère.

Diam. 11 cm.

226. — Bloc en lardite jaune, représentant des petits personnages pêchant en barque, au pied de la montagne.

Diam. 20 cm.

227. — Petit pot à pinceaux, sculpté de deux salamandres affrontées.

Haut. 7 cm.

228. — Figure en lardite noire, représentant Juro, son bâton à la main, une pêche dans l'autre, assis sur le dos de son cerf accroupi.

Haut. 13 cm.

POTERIES CHINOISES

229. — Bouteille à très large panse, en poterie à couverte crème et coulures brunes.

Haut. 27 cm.

230. — Bouteille en poterie sans glaçure, décorée de zones concentriques.

Style des Han. Haut. 30 cm.

231. — Pot de forme arrondie à glaçure brun noir, imitant le bois, gravé de caractères et de cachets.

Epoque Yuan. Haut. 307 cm.

232. — Grand vase de forme ovoïde en poterie brune à surface cannelée.

Epoque Yuan. Haut. 40 cm.

233. — Bouteille ventrue, l'épaulement supportant deux anses boucles.

Epoque Han. Haut. 28 cm.

234. — Pot en forme de boule, la surface semblant décorée de cordages.

Epoque Sung. Haut. 21 cm.

235. — Bouteille, de forme arrondie, Tenmoku, à couverte noire.

Epoque Ming. Haut. 26 cm.

236. — Vase à couverte brun rougeâtre gravé de personnages et de poésies.

Haut. 18 cm.

237. — Vase de forme cylindrique, à couverte rougeâtre, décoré en réserve, de caractères.

Haut. 29 cm.

238. — Bouteille de forme hexagonale, à couverte brune, décorée en relief sur chaque face, de panneaux fleuris.

Haut. 24 cm.

BOIS SCULPTÉS

239. — Rakan endormi.
Haut. 14 cm.

240. — Jeune femme debout, portant un bol. Bois doré.
Haut. 25 cm.

241. — Statuette de Kwannin, debout.
Haut. 307 cm.

242. — Statuette de Kwannin, debout, portant un rosaire.
Haut. 29 cm.

243. — Statuette de Kwannin, à traces de dorure.
Haut. 30 cm.

244. — Figure de vieillard, debout.
Haut. 34 cm.

245. — Statuette de Kwannin, debout, tenant un rouleau.
Haut. 40 cm.

246. — Grande figure de Kwannin, debout.
Haut. 46 cm.

247. — Statuette de Shaka, dormant.
Haut. 17 cm.

248. — Figure de Kwannin, debout, en bois laqué et doré.
Haut. 47 cm.

249. — Statuette de guerrier, debout. Bois doré.
Haut. 49 cm.

POTERIES CHINOISES

250. — Pot de forme ovoïde, à couverte crème craquelé.
Epoque Yuan. Haut. 27 cm.

251. — Vase de forme ovoïde, à panse surélevée. Couverte crème.
Epoque Yuan. Haut. 21 cm.

252. — Petit pot de forme octogonale, à couverte gris crème.
Epoque Yuan. Haut. 15 cm.

253. — Autre pot de couverte similaire, la panse arrondie.
Epoque Yuan. Haut. 15 cm.

254. — Pot de forme basse, à jolie couverte crème.
Epoque Yuan. Haut. 9 cm.

255. — Vase de forme allongée, gravé de chrysanthèmes et de poésies.
Epoque Yuan. Haut. 26 cm.

256. — Vase de forme ovoïde en poterie partiellement couverte d'une glaçure argentée.
Attribué à l'Epoque Tang. Haut. 28 cm.

257. — Vase de forme allongée, à décor de stries ondulées.
Epoque Yuan. Haut. 35 cm.

258. — Brûle-parfums tripode à glaçure brune, décoré en relief de personnages.
Epoque Ming. Diam. 22 cm.

259. — Brûle-parfums de forme similaire, décoré en relief camaïeu clair sur fond brun, de dragons et de caractères.
Epoque Ming. Diam. 18 cm.

260. — Brûle-parfums de forme tubulaire, à couverte vert foncé.
Epoque Ming. Diam. 24 cm.

261. — Brûle-parfums et socle fixe en poterie à couverte verte et jaune décoré en relief de branches de chrysanthèmes.
Epoque Ming. Haut. 18 cm.

262. — Vase à panse lobée, décoré en relief vert, sur fond jaune, de motifs de lotus.
Epoque Ming. Haut. 22 cm.

263. — Vase de forme tubulaire, décor en relief sur couverte turquoise de dragons dans les vagues.
Epoque Ming. Haut. 23 cm.

264. — Jolie bouteille de forme rectangulaire, à couverte turquoise.
Epoque Ming. Haut. 30 cm. Diam. 25 cm.

265. — Bouteille à long col bulbeux, autour duquel s'enroule un dragon. Glaçure vert mat.
Epoque Ming. Haut. 30 cm.

N° 257 N° 400 N° 256

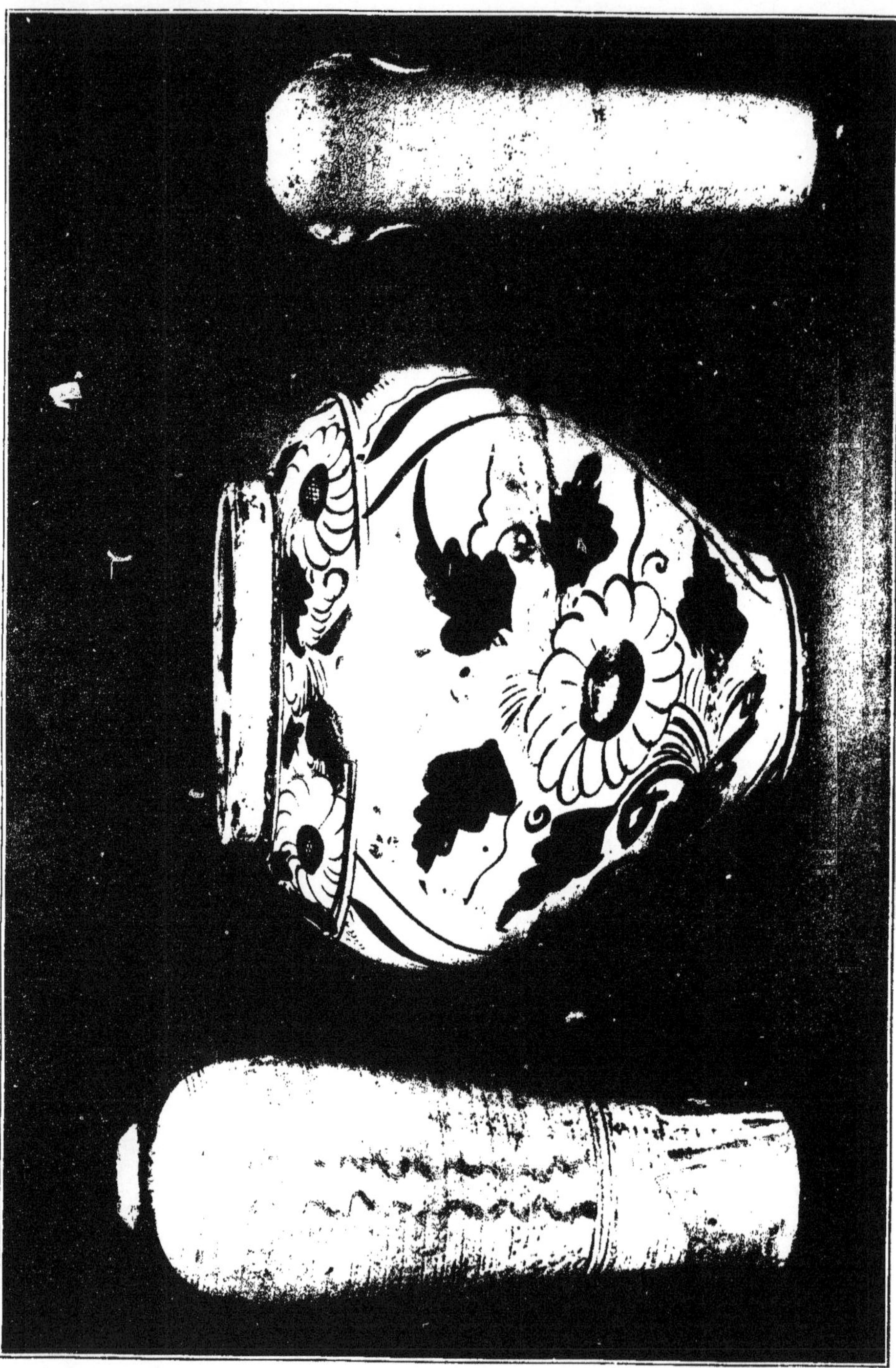

266. — Paire de chimères sur socles fixes, à couverte bleu foncé.

Epoque Ming. Haut. 24 cm.

267. — Tuile faîtière, surmontée d'un personnage tenant une corbeille fleurie.

Epoque Ming. Haut. 50 cm.

268. — Autre tuile faîtière, surmontée d'un personnage tenant à la main un rouleau.

Epoque Ming. Haut. 50 cm.

269. — Chimère à glaçure verte.

Epoque Ming. Haut. 45 cm.

270. — Joli vase à panse quadrilatérale, surmonté d'un col large et évasé. Glaçure verte.

Epoque Ming. Haut. 40 cm.

271. — Une paire de petites chimères sur socle. Trois couleurs.

Epoque Ming. Haut. 20 cm.

POTERIES A COUVERTE CRÈME CRAQUELÉ

Epoque Ming.

272. — Vase de forme tubulaire, très allongée.

Haut. 26 cm.

273. — Bouteille, à col court et évasé.

Haut. 25 cm.

274. — Vase à panse aplatie, le col portant deux mascarons.

Haut. 21 cm.

275. — Petite bouteille, le col flanqué de deux anses détachées.

Haut. 18 cm.

276. — Vase, à col tubulaire, s'évasant légèrement.

Haut. 19 cm.

277. — Très joli vase de forme cylindrique, sans col, deux anses mascarons supportent des anneaux fixes.

Haut. 27 cm.

278. — Bouteille de forme ovoïde.

Haut. 25 cm.

279. — Bouteille piriforme renversée.

Haut. 31 cm.

280. — Petit vase, gravé sous couverte de motifs fleuris.

Haut. 20 cm.

281. — Bouteille à long col tubulaire, légèrement évasé.

Haut. 25 cm.

IVOIRES

282. — Cachet de forme cubique surmonté de deux animaux affrontés.

283. — Petite boîte à pâte, de forme ronde.

284. — Boîte à thé, taillé dans l'ivoire imitant un nœud de bambou. Epoque Ming.

285. — Groupe sculpté imitant un citron digité, dit « Main de Bouddha ». Epoque Ming.

286. — Boîte tubulaire très finement sculptée de dragons.

287. — Porte-pinceaux gravé de personnages sous les arbres. Epoque Ming.

288. — Petite statuette en ivoire. Epoque Ming.

289. — Statuette en ivoire représentant une jeune femme debout. Epoque Ming. Haut. 16 cm.

290. — Statuette en ivoire laqué or représentant Kwannon sur le lotus. Epoque Ming. Haut. 12 cm.

291. — Figure du dieu de la Longévité, un écran à la main. Epoque Ming. Haut. 20 cm.

292. — Figure de Jurojin, debout, appuyé sur un long bâton noueux. Epoque Ming. Haut. 28 cm.

293. — Figure du dieu de Longévité tenant à la main une pêche Fantao.
Epoque Ming. Haut. 29 cm.

294. — Femme debout.
Epoque Ming. Haut. 21 cm.

295. — Porte-pinceaux gravé de personnages et d'habitations.
Epoque Ming. Haut. 16 cm.

296-7. — Deux écrans sculptés de personnages et de poésies.
Haut. 27 cm.

298. — Petit écran à deux vantaux en ivoire ajouré, décoré de femmes du Palais.
Epoque Ming. Haut. 15 cm.

CLOISONNÉS

299. — Très joli bol en ancien émail cloisonné de Chine, décoré sur fond turquoise de chrysanthèmes stylisés.
Daté : Kienlong (1730). Diam. 23 cm.

300. — Bol à décor fleuri sur fond blanc.
Diam. 20 cm.

301. — Un couple de pigeons sur fond mauve.

302. — Un couple de pigeons sur fond vert.

303. — Vase à panse surélevée, à décor de chevaux en émaux polychromes sur fond turquoise.
Style des Ming. Haut. 30 cm.

304. — Bouteille décorée en réserve sur fond turquoise, de panneaux de chimères.
Haut. 33 cm.

305. — Bouteille ventrue, de forme basse, à décor de fleurettes et d'armoiries.
Époque Kienlong. Haut. 18 cm.

306. — Bouteille décorée sur fond turquoise de pivoines et d'oiseaux Hôo.
Haut. 34 cm.

307. — Bouteille de forme similaire, décorée sur fond turquoise de deux dragons poursuivant le joyau sacré.
Haut. 37 cm.

308. — Grande boîte ronde, à décor de chrysanthèmes polychromes sur fond turquoise.
Marquée : Ming Chingtai. Diam. 30 cm.

309, 310. — Deux jardinières rondes, décorées sur fond turquoise de motifs fleuris.
Diam. 27 cm.

PIERRES DURES

311. — Porte-bouquet en calcédoine verte et blanche sculpté d'un héron sur un lotus. Socle en bois sculpté.
Haut. 9 cm.

312. — Vase en améthyste, sculpté d'une pêche enfeuillagée et d'un citron digité. Socle en bois sculpté.
Haut. 15 cm.

313. — Groupe en pierre de lard jaunâtre représentant un cheval et des champignons de longévité.
Diam. 20 cm.

314. — Joli bol creux en jade vert, le marli droit, décoré de dépressions. Socle en bois sculpté.
Diam. 18 cm.

315. — Petit brûle parfums rectangulaire, supporté par quatre pieds arrondis, en jade vert clair, sculpté de grecques et de chimères. Socle en bois sculpté.
Diam. 10 cm.

316. — Importante coupe à laver les pinceaux, en quartz rose, formée d'une pêche enfeuillagée. Socle en bois sculpté.
Diam. 18 cm.

317. — Grand brûle-parfums en lardite blanc vert, supporté par trois pieds à tête d'éléphant. Deux anses chimériques. Couvercle surmonté d'une salamandre et sculpté de motifs fleuris. Socle en bois sculpté.
.Diam. 25 cm.

318. — Plat à marli droit, en jade vert foncé.

Diam. 24 cm.

319. — Jolie figure de Kwannin, debout, en cristal de roche. Socle en bois sculpté.

Haut. 24 cm.

320. — Important groupe en cristal de roche, formé d'un vase sculpté d'oiseaux Hôo, et d'une chimère sur les rochers. Socle en bois sculpté.

Haut. 20 cm.

321. — Écran formé d'une plaquette en jade blanc sculpté de pêches de longévité, et d'un encadrement en bois sculpté et ajouré.

Haut. 21 cm.

322. — Écran formé d'une plaque de jade tendre, décorée en application de pierres diverses, de motifs fleuris. Socle en bois finement sculpté et ajouré.

Haut. 30 cm.

323. — Écran à double face formé d'une plaque de jade blanc décorée de motifs floraux en application de pierres dures variées. Socle en bois sculpté et ajouré.

Haut. 37 cm.

PENDENTIFS

324. — Deux pendentifs en verre bleu foncé et vert bouteille, décorés de branches fleuries et d'animaux.

325. — Deux pendentifs — l'un en jade blanc, représentant un perroquet sur son perchoir — l'autre en verre jaune offrant deux animaux affrontés.

326. — Deux pendentifs en jade blanc à tache de rouille, fruit enfeuillagé ; en agate blanche à veine brun rouge, offrant un fruit et deux oiseaux.

327. — Deux pendentifs, l'un en lapis-lazuli, en forme d'un médaillon ajouré d'un dragon, l'autre en fluorite représentant une pêche enfeuillagée.

328. — Deux pendentifs, l'un en agate rouge, montrant deux poissons affrontés, l'autre en améthyste, en forme de fruit.

329. — Deux pendentifs, l'un en corail rouge sculpté et ajouré d'un écureuil sur une branche de vigne, l'autre en corail ivorin représentant un bouquet de pêches.

330. — Deux pendentifs, fruit en améthyste, têtard en agate rouillée et veinée.

331. — Deux pendentifs, l'un en jade blanc, l'autre en améthyste, offrant des fruits enfeuillagés.

332. — Deux pendentifs en ambre, sculptés de fruits, de fleurs et de chauve-souris.

333. — Deux pendentifs en agate bleue veinée brun, représentant, l'un un fruit enfeuillagé, l'autre une feuille de lotus sur laquelle sont opposés grenouille, crabe et bernard-l'ermite.

334. — Pendentif en tourmaline, sculpté de fruits et de chauves-souris.

335. — Pendentif en jade vert impérial, proprement dit jadéite, sculpté d'un fruit enfeuillagé.

336. — Joli pendentif en jade vert impérial, sculpté de chauves-souris et de chimères.

337. — Pendentif en jade vert impérial, sculpté et ajouré en forme d'une cloche.

338. — Joli pendentif, de forme rectangulaire, en jade vert impérial sculpté de deux chauves-souris sur une branche chargée de pêches.

339. — Pendentif en jade vert impérial, sculpté et ajouré d'un poisson lune et d'un lotus épanoui.

340. — Pendentif en forme d'un disque rond, en verre bleu foncé, gravé et rehaussé d'or, offrant des branches fleuries et des poésies.

POTERIES CRAQUELÉES

341. — Grand plat, à couverte crème craquelée, gravé de motifs fleuris.

Époque Ming. Diam. 35 cm.

342. — Deux petits serviteurs de Kwannon, en poterie crème craquelée.
Époque Ming. Haut. 10 cm.

343. — Petite figure de Kwannon assise sur un rocher.
Époque Ming. Haut. 12 cm.

344. — Petite figure de Kwannin, assise, l'Enfant sur ses genoux : à ses pieds, deux serviteurs, en prières. Poterie brune craquelée.
Époque Ming. Haut. 22 cm.

345. — Figure de Kwannin, assise, un rouleau à la main.
Époque Ming. Haut. 24 cm.

346. — Jolie figure de Kwannin debout. Poterie crème.
Époque Ming. Haut. 36 cm.

347. — Figure de Kwannin, debout, en poterie creme.
Époque Ming. Haut. 35 cm.

348. — Vase de forme arrondie décoré au col et en relief détaché de petits personnages. Poterie crème.
Style de l'époque Yuan. Haut. 33 cm.

349. — Autre vase de forme et de décors similaires.
Haut. 37 cm.

350. — Bouteille en forme de gargoulette à col lobé. Couverte crème.
Époque Yuan. Haut. 31 cm.

351. — Vase de forme ovoïde, à couverte crème craquelée.
Époque Yuan. Haut. 34 cm.

352. — Vase de forme ovoïde très élancée, à couverte crème.
Époque Yuan. Haut. 36 cm.

353. — Bouteille piriforme, à col évasé, en poterie à couverte crème craquelée.
Epoque Ming. Haut. 29 cm.

354. — Vase à long col bulbeux. Couverte crème.
Époque Ming. Haut. 40 cm.

355. — Vase de forme tubulaire, même couverte.
Époque Ming. Haut. 34 cm.

356. — Vase de forme arrondie, à long col bulbeux.
Époque Yuan. Haut. 35 cm.

357. — Pot arrondi, à glaçure vert camélia.
Epoque Ming. Haut. 15 cm.

358. — Pot de forme arrondie, à couverte bleu turquoise craquelée.
Epoque Ming. Haut. 20 cm.

359. — Pot de forme similaire, à couverte bleu foncé.
Epoque Ming. Haut. 20 cm.

360. — Pot de panse arrondie, gravé sous couverte verte, de motifs fleuris stylisés.
Epoque Ming. Haut. 22 cm.

361. — Petite potiche à glaçure brun rougeâtre.
Epoque Ming. Haut. 21 cm.

362, 363. — Deux pots de forme arrondie, à couverte bleu soufflé.
Epoque Ming. Haut. 20 cm.

364. — Pot de forme identique, à glaçure verte.
Epoque Ming. Haut. 18 cm.

365. — Pot de forme arrondie, à couverte brune, décoré au col d'une zone en relief gris vert, imitant un chrysanthème stylisé.
Epoque Ming. Haut. 20 cm.

366. — Pot arrondi, à couverte vert foncé.
Epoque Ming. Haut. 15 cm.

367. — Pot de forme et de couverte similaires.
Epoque Ming. Haut. 15 cm.

368. — Paire de chimères sur socles fixes, à glaçure vert camélia.
Epoque Ming. Haut. 20 cm.

369. — Paire de chimères sur socles fixes, à couverte jaune.
Epoque Ming. Haut. 18 cm.

POTERIES DES ÉPOQUES TANG ET HAN

370. — Sorte de brûle-parfums à couvercle ajouré.
Epoque Tang. Haut. 15 cm.

371. — Animal cornu.

Epoque Tang. Haut. 40 cm.

372. — Très belle statuette de Kwannon, assis, à glaçure verte et jaune.

Epoque Tang. Haut. 27 cm.

373. — Très joli vase en poterie grise partiellement couverte d'une glaçure verte et argentée.

Jolie pièce attribuée à l'époque Han. Haut. 37 cm.

374. — Pot de forme arrondie, de glaçure verte et argent.

Epoque Han. Haut. 11 cm.

375. — Pot arrondi, de couverte similaire.

Epoque Han. Haut. 15 cm.

376. — Coupe carrée, formant mesure, à couverte argentée.

Epoque Han. Diam. 15 cm.

377. — Pot de forme arrondie, à couverte flambée arlequin.

Epoque Tang. Haut. 12 cm.

378. — Brûle-parfums couvert en poterie émaillée gris.

Attribué à l'époque Yuan. Haut. 16 cm.

PIERRES DE LARD

379. — Petite statuette de Kwannin, accroupie, l'Enfant dans les bras. Lardite jaune.

Haut. 15 cm.

380. — Philosophe, assis dans les rochers, un chasse-mouches à la main. Lardite jaune.

Haut. 18 cm.

381. — Jolie figure en lardite blanche imitant le jade, représentant le Sennin Tobosaku, debout, tenant une branche fleurie. Socle en bois sculpté.

Haut. 15 cm.

382. — Figure en lardite noire, représentant Choryo, debout, son soulier à la main. Socle en bois sculpté.

Haut. 16 cm.

383. — Figure de Kwannin, debout, en lardite blanche.

Haut. 15 cm.

384. — Jeune femme, légèrement vêtue, dormant, étendue sur une feuille de palmier.

Long. 15 cm.

385. — Prêtre se reposant, assis sur un rocher.

Haut. 18 cm.

386. — Figure de Kwannin, assise, portant un manuscrit.

Haut. 18 cm.

387. — Jolie figure de Kwannin assise, en lardite à belle patine brune.

Haut. 19 cm.

COLLIERS

388. — Collier de cent onze grains en ambre jaune transparent.

389. — Collier de cent neuf perles en lapis-lazuli.

390. — Collier de quatre-vingt-dix-neuf perles en corail rouge avec monture or.

391. — Petit collier formé de grains plats en verre teint, imitant la turquoise.

392. — Collier de cent huit grains en ambre jaune transparent.

393. — Collier de cent huit boules d'améthyste.

POTERIES CHINOISES « YEGORAI »

Décor noir sur fond blanc.

394. — Vase, en forme de gourde, à double panse, décoré au trait et rehaussé de noir, de branches de grenadier.

Epoque Ming. Haut. 32 cm.

395. — Petite bouteille, à col allongé et évasé, à décor de motifs fleuris stylisés.

Epoque Ming. Haut. 24 cm.

396. — Bouteille à panse ovoïde, la partie inférieure couverte d'un émail brun, la partie supérieure en émail crème craquelé à décor de caractères. Autour du goulot, quatre anses boucles.

Epoque Ming. Haut. 28 cm.

397. — Vase oviforme, décoré au col d'une zone de motifs fleuris stylisés.

Epoque Yuan. Haut. 30 cm.

398. — Très joli vase oviforme, à décor de motifs fleuris et d'ornements stylisés.

Epoque Ming. Haut. 28 cm.

399. — Vase de forme arrondie, décoré au col, de caractères chinois.

Epoque Ming. Haut. 34 cm.

400. — Pot à large panse arrondie, à décor de bouquets fleuris.

Epoque Yuan. Haut. 35 cm.

401. — Pot de forme similaire, à décor de chrysanthèmes.

Epoque Yuan. Haut. 32 cm.

VERRES CHINOIS

402. — Très joli bol en verre bleu transparent, taillé à facettes.
XIXe siècle. Diam. 15 cm.

403. — Bol en verre bleu royal, uni.
XVIIIe siècle. Diam. 12 cm.

404. — Bol de forme évasée, en verre rubis, transparent.
XIXe siècle. Diam. 17 cm.

405. — Bol en verre émeraude, transparent.
XIXe siècle. Diam. 12 cm.

406. — Bol en verre bleu royal, transparent.
Diam. 16 cm.

407. — Bol de forme évasée, en verre blanc opaque, imitant le jade.
XIXe siècle. Diam. 17 cm.

408. — Jarre avec couvercle, en verre bleu transparent.
XIXe siècle. Haut. 23 cm.

POTERIES CHINOISES

409. — Pot couvert, à glaçure bleu foncé.
Epoque Ming. Haut. 23 cm.

410. — Pot couvert similaire comme forme et glaçure au précédent.
Epoque Ming. Haut. 23 cm.

411. — Pot arrondi, à couverte brun vert, décoré en camaïeu brun de branches fleuries de prunier.
Epoque Ming. Haut. 18 cm.

412. — Pot de forme arrondie, à couverte brun foncé.
Epoque Ming. Haut. 25 cm.

N° 365

N° 373

N° 398

N° 413

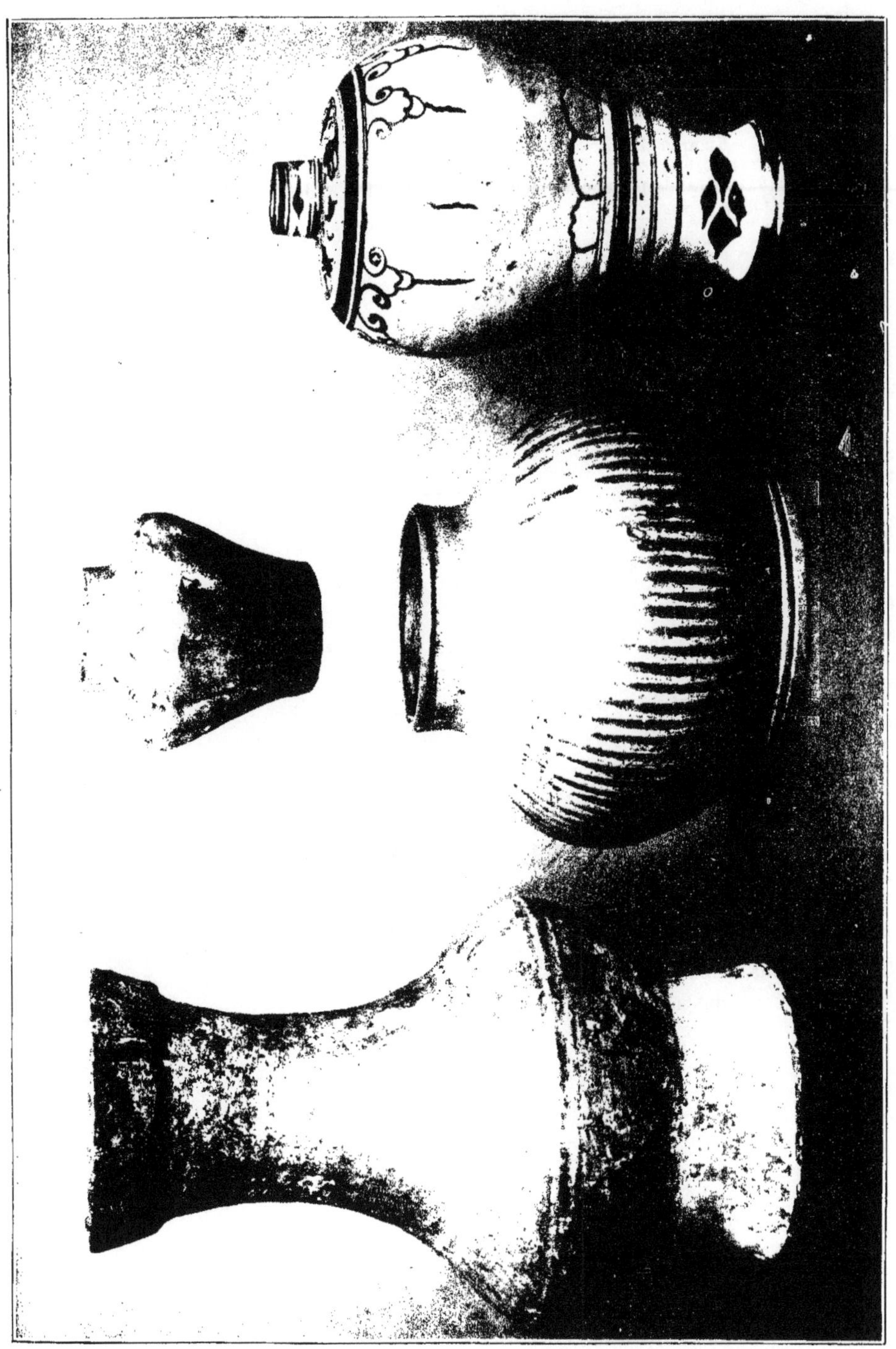

413. — Pot arrondi, la panse côtelée, à couverte verte.

Epoque Ming. Haut. 22 cm.

414. — Grande potiche à glaçure « poudre de thé », décorée, en relief, de pivoines.

Epoque Ming. Haut. 30 cm.

415. — Pot, de forme arrondie, à couverte verte, l'épaulement supporportant cinq anses boucles.

Epoque Ming. Haut. 31 cm.

416. — Vase de forme ovoïde élancée, à couverte vert foncé, décoré en relief jaune de motifs fleuris, l'épaulement supportant cinq anses boucles.

Epoque Ming. Haut. 35 cm.

MALLES EN CUIR

417/428. — Une série de douze malles ou coffrets en cuir sculpté, gaufré ou laqué, avec ferrures de cuivre ciselé.

(Seront divisées.)

ÉTOFFES BRODÉES

429. — Une très belle portière chinoise, composée de deux rideaux et d'un bandeau, les rideaux brodés sur satin chaudron du décor des Cent Enfants : le bandeau, vert, à décor fleuri.

XVIIIe siècle.

ÉVREUX, IMPRIMERIE CH. HÉRISSEY, PAUL HÉRISSEY, SUCC^r

www.ingramcontent.com/pod-product-compliance
Ingram Content Group UK Ltd.
Pitfield, Milton Keynes, MK11 3LW, UK
UKHW020449180726
13839UKWH00004B/1716